Introducción.

En estos momentos el mundo está sumido en una grave crisis de valores morales y religiosos, divisiones sociales y económicas, diferencias abismales de pensamientos políticos y una gran diferencia en lo habitacional, o sea, dónde vive el desahuciado, el pobre, el que piensa que es de clase media, el rico, el millonario y el multimillonario, ya sea porque trabajó, o porque robó.

La grave situación de caos económico creada por el mal manejo del estado y por las bien marcadas diferencias de clases, ha hecho que mucha gente salga huyendo de sus países en busca de abrirse un espacio de esperanza y de futuro, cruzando fronteras, legal, o ilegalmente, porque ya ven que **todo está perdido** en sus países.

Países como Siria, con una gravísima situación de guerra civil, Venezuela, Colombia, Haití y muchas otras naciones con serios y profundos problemas políticos y económicos, han creado una emigración indetenible de sus ciudadanos, al punto de que prácticamente se están quedando vacios y hundidos en una lamentable cárcel sin rejas, llamada país, en donde los que están en el gobierno disfrutan de todo y los que no lo están, carecen hasta de la paz, apegados solo a la esperanza de Dios.

Nuestro país, **Republica Dominicana**, aunque no vive una situación de guerra civil, está pasando por una marcada crisis de valores morales, educacional, salud y social, crisis gubernamental, corrupción política, desencanto de la juventud y, sobretodo, de una invasión de otros ciudadanos del mundo que también huyen en busca de una fuente de trabajo y un lugar en donde vivir decentemente, sin darse cuenta de que se están metiendo en la cueva de problemas muy parecidos a los suyos. Y que nosotros estamos tratando de sobrevivir y de encontrar soluciones antes de que sea demasiado tarde.

Escribo este libro tratando de concentrar esas historia en unas hojas de papel, cual caldero imaginario, como si fuera un caldo con muchos ingredientes, diríamos un **"Sancocho"**, con el fin de que algunos comensales disfruten del sabor final que se desprende de varias carnes, varias viandas y vegetales, así como el zumo de ese sazón casero que le da la identidad al que lo cocina y representa la peculiaridad original del criollismo y de las costumbres culinarias que se desprenden en el aroma que brota desde la paila y en la sabrosura de cada sorbo tomado en cada cucharada.

Este libro es eso, un caldo de causas de viajes, personajes, circunstancias y cuentos vividos, oídos, o contados de muchísimos dominicanos que hemos tenido que dejar el terruño, por una razón, o por otra para venir a otras tierras, legal, o ilegalmente, buscando un nuevo sendero y un nuevo sol y un nuevo sendero en lugares hacia donde la necesidad nos lleva y nos sepulta.

Pasaje de ida.

Tomar la decisión de irse con el propósito de hacer vida en otras tierras, sin saber cuándo regresaremos, no es lo mismo que salir temporalmente, ya sea de visita, o de trabajo, porque cuando uno sale para quedarse, se lleva consigo un mundo de recuerdos, de añoranzas y de sueños no cumplidos que si pagáramos por ese equipaje mental, nos cobrarían una tarifa incosteable y el avión, o el tren, o el barco en que nos vamos, no tuviera espacio para acomodar esa carga.

Muchas son las razones que nos empujan a tomar un pasaje de ida solamente, pero una de ellas, la más impactante, es la **necesidad de trabajo** y de encontrar una fuente de ingreso que nos garantice vivir digna y decentemente y además poder servir de ayuda económica para aquellos familiares que dejamos atrás y que esperan que de lo poco, o mucho que ganamos, algo sea para ellos sobrevivir.

Al igual que millones de gentes en el mundo, el dominicano ha tenido que emigrar huyéndole al despilfarro de los gobiernos, a la inseguridad ciudadana y al descalabro social y moral en que caen los pueblos cuando la clase política corrupta se adueña y acapara todo el erario del pais y lo convierte en patrimonio propio, o de su partido.

Las causas más indiscutibles son, el problema de la **falta de empleos**, la carencia de oportunidades educacionales y los defectos de los servicios perentorios para vivir, como el agua, la electricidad, la vivienda, lo ambiental y la salud, esto aparte del miedo a ser consumidos por una clase delincuencial dedicada a cometer atracos, ventas y consumo de drogas, alcoholismo desproporcional, ligado a la prostitución de menores, intercambios de favores sexuales, funcionarios corruptos que desfondan las instituciones públicas y una creciente e indetenible carestía de los productos de primera necesidad que muchas veces se convierten en desesperanza de los pobres al no poder verlos servidos en sus mesas, para que la familia se pueda alimentar, aunque sea medianamente.

El pasaje de ida es un boleto lleno de tristezas y emociones encontradas, es como un libro de una sola página que contiene una historia de nunca acabarse, que jamás seria contada, ni explicada en varios días, porque ese boleto nos abre las puertas a un mundo de sorpresas, de llantos, de caminos abiertos a los lados, pero infinito hacia el fondo, porque nunca sabemos dónde terminaremos, o dónde seremos enterrados.

Hay un dominicano en todas partes del mundo que ha comprado un pasaje de ida solamente, en lugares tan inhóspitos, o lejanos como Canadá, Japón, Suecia, España, Alemania y otras partes impensables para un dominicano que sale de una isla de tan solo 48,730 km², porque vivir en ella es lo más deseable, pero **"Malvivir"** en ella es lo mas indeseable y por eso hay que partir sin saber cuándo será el regreso.

Mi historia de partida con un pasaje de ida solamente empezó en el año 1981, cuando después de haber ido a la universidad, tener tres trabajos, una familia compuesta por mi esposa y un hijo, nos dimos cuenta de que la plata no nos daba para las cuentas, mientras muchos políticos charlatanes **"Vivian del cuento"**.

Salí sin regreso y ya hace más de treinta y cinco años de eso, al momento que escribo este libro, y solo he regresado de visitas, cada año. Las veces que vuelvo, veo las cosas más difíciles para regresar pues habría que empezar de nuevo, encontrar un amigo en el gobierno que nos viabilice los tramites, que nos pase las maletas y otros que nos sirvan de puente, además de readaptarnos a los apagones, a la falta de agua, a los baches en las calles y a aprender a **"Ser de allá"** de nuevo.

Pasaje de ida

Salí de mi país sin hacerme despedidas,
me subí al avión con mi cara entristecida.
Llevaba mi mente errante y confundida,
y también en mis manos "Un boleto de ida".

Empaqué la esperanza y mis sueños,
me llevé mis historias buenas y de duelo,
envolví mis poemas en un terciopelo,
y en mi maleta mis mejores recuerdos.

No quería volver la vista hacia atrás,
sin dejar caer una lagrima, ni una más,
pues es mejor sonreír, para no llorar,
cuando uno no sabe cuándo regresará.

Subí los ojos hacia el cielo, viendo el sol,
para que alumbrara mi rostro y mi dolor,
despidiéndome de mi tierra con gran amor
con mi "Pasaje de ida" se iba mi corazón.

José G Vásquez

Los primeros emigrantes.

Desde el mismo comienzo de nuestra historia poblacional por nuestros indígenas, los cuales llegaron desde el Arauca y otros lugares de Sur América, había un flujo de ellos que emigraban e inmigraban constantemente en su rusticas embarcaciones, ya sea para la caza, o la búsqueda alimentos, así como por la curiosidad de conocer otras tierras que todos llevamos dentro.

Nuestros primeros pobladores, los **"Tainos"**, cuyo nombre significa **"Bueno, o Noble"**, llegados desde lo que en la actualidad es Venezuela, Colombia y Brasil, comenzaron a poblar todo el Caribe, siendo nuestra isla una de los destinos más elegido por ellos y otros indígenas como los **Igneris** y los **"Arcaicos"**, mucho más antiguos y que ya estaban asentados en la isla, eran viajeros constantes de un lado a otro, incluyendo lo que hoy es Puerto Rico, Cuba y las otras islas cercanas a las Antillas Mayores, hasta la desgracia de ser descubiertos por el navegante Colon y sus sabuesos que los exterminaron casi del todo, como si los borraran del mapa.

(Fuente: website noticias.pop.com/ Educando)

(Dibujo José G. Vásquez)

EUA: Destino más codiciado

Miles y miles de dominicanos hemos salido con un viaje de ida para todos los rincones del mundo y somos una clase trabajadora y soñadora, siempre dispuestos a **"Hacer lo que sea"**, donde sea y como sea, no importa que haga demasiado frio, demasiado calor, que sea demasiado lejos, o demasiado cerca, pues el coraje y la osadía, nos ayuda a no poner límites, ni falta de cualidades para realizar cualquier trabajo decente, o cualquier profesión que nos garantice un salario y una oportunidad para emprender nuestros proyectos de vida sin ser cargas para nadie y para poder abrirnos el camino que nos lleve a una vida mejor y a una seguridad económica que nos facilite poder pagar nuestras necesidades, ahorrar y también enviarles a nuestros familiares que han quedado varados en sus necesidades dentro de nuestro país.

Lamentablemente, algunos compatriotas se han dedicado al

"Tigueraje" y a lo mal hecho en otros países y con esto desmeritan y tuercen nuestra dignidad de gentes luchadoras, decentes y emprendedores, pero no son los más, sin embargo una mancha negra en un mantel blanco se nota más que el resto del bordado.

A Estados Unidos de América, en cualquiera de sus estados, ha llegado un dominicano con un boleto de ida y se ha quedado aguantando la insolencia de la nieve y las temperaturas al punto, o por debajo de la congelación, así como las altas y pegajosas temperaturas de un verano cortito, pero precioso en su brillantez, tan solo por luchar por un futuro mejor para sus familias y los suyos.

New York ha sido y sigue siendo el destino más apetecido para llegar y quedarse y es en esta ciudad donde se congrega las más alta población emigrante de dominicanos en el exterior, convirtiéndose no solo en ciudadanos americanos, sino participando en las empresas, como dueños de **"Bodegas"**, supermercados, oficinas de servicios legales, reposterías, restaurantes, talleres de mecánica, costureras, diseñadores, constructores, policías y otras muchas áreas profesionales que han servido de desarrollo estructural y económico, así como cultural y social de esta urbe.

Estamos regados en todos los rincones del mundo y nos llevamos con nosotros nuestra música, nuestras costumbres, nuestro arte culinario y todo lo que huele a dominicano, incluyendo hasta el fuerte aroma de nuestro orégano y el suave perfume de nuestra vainilla, relleno de piña, sin la cual ningún **"Bizcocho"** queda bueno para nosotros.

Si en algún lugar del mundo a donde llegamos no hay **"Víveres"**, o **"Batimentos"** para un sancocho, para un mangú, un chivo guisado, un moro de **"Guandules"**, o una torta de cazabe, somos capaces de mandarlos a

13

buscar a las **"Quimbambas"**, con tal de saborear nuestras delicias costumbristas, sin dejar a un lado nuestro plato bandera: **"Arroz, habichuela y carne"**, o el **"Mangú con los tres golpes: Salchichón, queso frito y huevo frito"**.

New York, específicamente Manhattan, se despierta en las mañanas con un **"Morir Soñando"** y termina la noche con una **"Sopa de gallina vieja"**.

Según un reportaje publicado en el periódico "El Nacional de Ahora", el 8 de Septiembre del 2013, bajo la firma de Ángel Berto Almonte, los dominicanos que emigraban entre los años 1900 hasta 1960, lo hacían con propósitos turísticos, o viajes de placer, aunque algunos se vieron forzados a emigrar por cuestiones políticas, tal como nuestro prócer **Juan Pablo Duarte**, que tuvo que emigrar hacia curazao (1843). En su juventud sido enviado a estudiar a Inglaterra desde donde regresa y cumple el mayor sueño de toda la historia dominicana: **"Nuestra independencia de Haití"**, junto a **Ramón Matías Mella** y **Francisco del Rosario Sánchez** y los miembros de la **"Trinitaria"**.

Uno de nuestros más notables compatriota, **Máximo Gómez**, no solo emigró para prepararse en su carrera de soldado, sino que en una de sus escapadas ayudó al pueblo cubano a romper las cadenas de su yugo y lograr su independencia.

Tenemos que mencionar al Profesor **Juan Bosch** quien también emigró a Puerto Rico a causa de la persecución del régimen del tirano Trujillo.

A partir del 1965, la causa principal de la emigración de los dominicanos ha sido la situación económica y el deterioro social y moral de las los servicios públicos, como también se han repartido los trabajos entre los partidarios de los dos partidos que se han pasado el poder unos a otros, sumiendo nuestra nación en una grave crisis de empleos, una deuda externa impagable, una escasez inimaginable de en el sector privado y una desesperanza de la juventud que se gradúa en las universidades y luego tiene que salir a manejar un carro de concho, o un **"Moto concho"**, o hacerse miembro de una banda de facinerosos que hacen vida quitándole la vida a otros, aparte del grave problema del tráfico y consumo de drogas, bajo la mirada indiscreta de las autoridades policiales y la ceguera de una justicia debilucha, manejada por los gobiernos, el poder económico y la compra de veredictos.

Durante los mandatos de Trujillo, se coartó casi a la nulidad el derecho del libre desplazamiento, no solo internamente, sino también internacionalmente.

En el artículo mencionado más arriba, se cuenta que para el ajusticiamiento de Trujillo, los dominicanos llegados legalmente a Estados Unidos estaban alrededor de los once mil, de acuerdo al censo poblacional norteamericano de ese tiempo (1960).

A partir del comienzo de las instituciones democráticas, al salir de la tiranía, los dominicanos han emigrado de forma masiva hacia todos los rincones del mundo, pero sigue siendo New York la meca donde se asientan sus sueños.

En los primero años de la inmigración dominicana llegada a Estados Unidos, la mayoría eran personas de bajo nivel de educación escolar, obreros o madres solteras que solo veían irse para el norte como la única salida para lograr adelantar su familia.

En los últimos años hemos visto una gran afluencia de jóvenes profesionales que emigran porque al graduarse, o tener unos cuantos semestres en una carrera, no encuentran puestos de trabajos, o el costo de las universidades es tan alto que ni ellos, ni sus familiares pueden asumir ese problema.

Ha existido la confusión de que New York es el único estado en donde se concentra la inmigración dominicana, pero no es así, aquí en cada estado, en cada esquina y en cada rincón de Estados Unidos, hay un hogar que huele a caña, a sancocho y al rico aroma de nuestro café. Por eso a todos nos llaman **"Dominicanyork"**.

En lugares tan remotos para nosotros que salimos de una pequeña isla, como Alaska, Chile, Argentina, Rusia y hasta el medio oriente, hay una mujer piel morena, un moreno, o un mestizo que ha salido de nuestra isla y se ha infiltrado como si fuera un ave que cumple con su proceso de migración.

De acuerdo al periódico elnacional.com.do, hay unos dos millones de dominicanos viviendo en el exterior y de acuerdo a diariolibre.com/, 1.5 millones vivimos en Estados Unidos

Irse en Yola.

Solo sabemos de dónde saldremos,
aunque no sabemos cuál será la hora,
tampoco sabemos si todos llegaremos,
ni sabemos si naufragará esta yola.

Puerto Rico será nuestro final destino,
remando entre hambrientos tiburones,
pero es mejor morir sin penas, ni tino,
que quedarse aquí entre los ladrones.

Dejamos nuestros familiares llorando,
pero sus lágrimas nos han empujado,
rogándole a Dios y a todos los santos,
que llegue esta yola hacia el otro lado.

José G Vásquez

Han sido muy lamentables las historias de naufragios y de yolas desaparecidas con decenas de dominicanos que tienen la osadía y el gran coraje de montarse en una yola con destino a Puerto Rico, llevándose consigo una camisa, un par de dólares envueltos en una funda plástica, dos galones de agua, un cuchillo casero por si acaso un pez vuela por encima de ellos, o si alguna gaviota se cansa de volar y cae como cometa sobre estas decenas de personas hambrientas, desnutridas y desesperanzadas, porque hay que estar muy loco, o muy pobre, o muy estremecido por las dificultades para atreverse a tomar un viaje con posibilidades de una entre diez.

En un artículo escrito en el Listín Diario on line el 7 de Marzo del 2011, escrito por Mairobi Valdivia y Javier Valdivia, aparece el encabezado que dice **"Más de 200 se perdieron en alta mar en los últimos 10 años"**, donde se declara que decenas de dominicanos pierden la vida cada año en esa penosa y desesperada travesía.

Muchos de esos dominicanos que han podido llegar a salvo a Puerto Rico, a través de los años, han podido desarrollarse y han podido salir adelante, mezclándose con los boricuas, creando familias y hasta volviéndose empresarios. Sin embargo, nunca se desprenden de aquellos familiares cercanos que los vieron montarse un día en esa yola, mientras los tiburones preparaban la mesa con su mantel por si acaso uno de ellos caía al agua. Siempre les mandan dinero, siempre los llaman y los mantienen vivos con la esperanza de que algún día regresarán.

En este último año (2018), después de las devastaciones de los huracanes **Irma y María**, los cuales dejaron a Puerto Rico invivible y luego de la política anti-inmigrantes de Donald Trump, los viajes han mermado y la realidad boricua está muy deteriorada.

Los perdidos en el Canal de la Mona.

Muchas son las historias tristes que son escritas en las aguas salvajes del canal de la mona, en donde hay una población inmensa de tiburones dispuestos a devorar a cualquiera que se atreva a desprenderse de una yola, o de cualquier otra embarcación en su territorio marítimo.

Entre Republica Dominicana y Puerto Rico solo hay una distancia de 160 kilómetros entre costas y costas de los dos países, en donde los llamados "Vientos Alisios" hacen bailar las pequeñas embarcaciones cargadas de indocumentados, como si fuera una mecedora diabólica en donde se sienta la muerte, hambrienta y azarosa, esperando que alguien se canse y termine entre los filosos dientes, tipo pirámides, de los tiburones.

En ese canal se han ahogado muchas personas cargadas de sueños de libertad y de esperanzas incumplidas.

Los Políticos nos tiran la carnada.

Dentro de la maleta del alma que cada dominicano se lleva consigo, entre tantas cosas **"reburujadas"** en el interior, hay un archivo político que generalmente llevamos cerrado en forma hermética, el cual ocasionalmente abriremos para ver si es verdad que las cosas, en el panorama político dominicano, se reformarán, para nosotros tener la esperanza de algún día poder regresar.

Todos somos políticos, porque de alguna manera, o tenemos un familiar muy cercano que participa en la política, o porque nunca nos podemos desprender del todo del carnaval que se forma en las cascareadas campañas de elecciones que se realizan en nuestra tierra, pintorescas, violentas, absurdas, mentirosas y despilfarrando en ellas una gran parte del erario de la nación por parte del partido en el poder, los cuales aprenden a ganar las elecciones dando funditas y entregando tanques de gas.

En los tiempos de campaña electoral en nuestro país, los políticos que están aspirando para algún cargo electivo, se abocan a venir donde los dominicanos en el extranjero, siendo Estados Unidos uno de los países más visitados por ellos, para presentarnos los programas de sus aspiraciones políticas, tirándonos la "Carnada", como si fuéramos peces fáciles de pescar.

Lo más importante de sus presencias allende los mares, es buscar los dólares necesarios para costear sus campañas y, de paso, quedarse con una buena porción en sus cuentas bancarias.

Siempre nos visitan con los más rancios discursos diciéndonos que esta vez **no nos echarán al olvido** y que tienen un proyecto de **re-ubicación perfecta** para aquellos que decidan regresar a la patria, lo cual no son más **que "Mojadas mentiras"** que se secan tan pronto como son elegidos y se hacen millonarios a costilla de los **"Pendejos Dominicanyork"**.

Personalmente he participado en agrupaciones políticas en el exterior, tanto en New York, como ahora en Miami y ya me siento desencantado, distanciado y desinteresado de hacerlo, puesto que somos pescados con esas carnadas de mentiras y luego no fríen en la paila de sus desafueros.

El dominicano en el exterior sigue soñando y viviendo la irrealidad de que seremos tomados en cuenta, de que por fin un proyecto político creará las bases para que regresemos algún día y que por fin, veremos un país sin corrupción y organizado social, moral y infraestructuralmente moderno e idóneo para retomar nuestras raíces y recomenzar de nuevo, pero hasta ahora, ninguno nos ha cumplido.

En el exterior es muy difícil ser **"Político estilo dominicano"**, pues allá el político vive del cuento y en el exterior eso no se puede, pues cuando llegan **"Los Biles"** no hay partido que nos salve el pellejo, lamentablemente.

Fuente: https://www.telesurtv.net/news 20160513-0007.html

Jolgorio Político.

Van en caravana vociferando frases,
el político en yipeta, el pobre en triciclo,
ocupan las calles y no hay quien les pase,
tal como un carnaval, el jolgorio político.

La música altísima y la gente bailando,
los políticos mintiendo en sus discursos,
dicen acabarán con los que están robando,,
y al ser elegidos, se olvidan del asunto.

Pobre pueblo mío los días de campaña,
se gastan to' lo cuarto y nos dejan quebra'o,
cada cuatro años vuelven y nos engañan,
tanto lo hacen que estamos acostumbra'o.

José G. Vásquez

Con la cabeza aquí y la mente allá.

Cuando uno se va, se lleva pocas cosas materiales, como ya reseñé anteriormente, pero en el alma, en la mente y en el corazón, nos llevamos un closet de emociones y recuerdos que por más que queremos desprendernos de ellos y no sacarlos a la luz jamás, nos es imposible, pues en cada cosa que hacemos, ya sea comernos un mangú, un sancocho, un morito de guandules, o escuchar un merengue, regresamos mentalmente al terruño y viajamos en el tiempo cual un avión supersónico, añorando el regreso a nuestra tierra.

No hay una reunión familiar, o evento social en el cual no hablemos de la política, de beisbol, de la situación social y de muchísimas cosas buenas que no tenemos en los llamados "Países desarrollados", donde todo parece de plástico, hasta la sonrisa, no como en nuestra tierra en donde hasta si se va la luz hacemos una fiesta.

Andamos con la cabeza puesta en el caco, pero con el pensamiento en vuelo constante, montado en el avión de los pensamientos, cruzando el mar Caribe, o el Océano Atlántico para llegar a un rincón de Quisqueya,

A nuestros hijos, aunque nacidos en el exterior, les inyectamos cada día en sus mentes las historias y los dichos criollos que oyen de nuestras bocas y con las ocurrencias típicas de nuestro lenguaje.

Por eso seguimos pegados viendo los programas de televisión de **Nuria**, **Zapete**, **Alicia Ortega** y otros que pasan por los canales dominicanos en el exterior, para enterarnos.

Nos hacemos presente cada vez que viene un artista solista, o un grupo de músicos a presentarse en algún club social o restaurante, porque al verlos a ellos, sentimos un pedacito de la tierra entregado en la magnitud de su arte. Somos gentes que añora el regreso.

Es importante expresar que la comunidad dominicana que se concentra en algunos sectores de otros países, tal como lo han hecho en el condado de Manhattan, en New York, nos convertimos en un ente social, económico y cultural que participa de forma muy productiva y se adhiere fácil a las costumbres del país extranjero y de las demás comunidades que lo conforman, pero sin dejar de un lado nuestras costumbres criollas y nuestro sabor de dominicanos, expresados en nuestras comidas, nuestra música y nuestra forma tan peculiar de hablar el castellano.

El sureño y el cibaeño continúan hablando tal y como lo hacemos en nuestro país, aunque hablemos bien el inglés, el francés, el alemán o cualquier otro idioma de los tantos que hay en el mundo. Un cibaeño hablando inglés es capaz de mantener su "i" por encima de cualquier palabra, frase o literatura, sin titubear, ni importarle que se le note su descendencia, pues esto es un honor.

Son muchos los dominicanos que se han establecido en otros países con la idea de regresar algún día a su patria, por largos años, pasando las inclemencias de las bajas y altas temperaturas, aprendiendo idiomas muy distintos, cumpliendo con las reglas de ciudadanía, de tráfico y de tránsito muy estrictas, así como teniendo que sufrir humillación, en algunos casos, tan solo por el hecho de no hablar bien, o no hablar del todo, el idioma del país al cual se han ido. Sin embargo, mueren en el exterior, sepultando con ellos sus sueños, o si se atrevieron a regresar a la tierra, tuvieron que regresar, simplemente porque la salud los traicionó, o los problemas los castigaron, mientras en nuestro país no hay forma de costear una enfermedad, a menos que no gastemos todo lo que hemos ahorrado por vida y empeñemos todas nuestras propiedades para seguir vivos. Vivir con la cabeza en un lado y el pensamiento en otro, es como no vivir del todo, pues en todo lo que hacemos se nos cruza un pedazo de patria.

Mi mente vuela.

Un día dejé mi patria,
para vivir en otras tierras,
dejé mi familia y mi casa,
mis veranos y mis primaveras.

Dejé a mis amigos del barrio,
en la esquina que nos reuníamos,
donde hablábamos sin horarios,
de todo lo que queríamos.

Estoy viviendo en otras tierras,
sin saber cuándo regresaré,
pero lo hare antes que me muera,
algún día de estos me iré.

Mi mente siempre está volando,
hacia mi barrio y a mi ciudad
pues siempre vivo pensando
que mi alma se ha quedado allá.

José G Vásquez

Destinos muy lejanos.

Según el periódico **El Diario Libre**, en un artículo escrito el día 12 de marzo del 2011, unos mil dominicanos estaban residiendo en Japón para esa fecha, la mayoría de ellos concentrados en la ciudad de Kanagawa, a hora y media de Tokio.

Como bien sabemos, las costumbres de los japoneses son muy distintas a las nuestras y asumirlas es como virarnos desde adentro hacia afuera, sin embargo, lo hacemos y nos adaptamos, aunque desde que pisamos nuevamente nuestro terruño, se nos monta el espíritu dominicano y volvemos a reasumir nuestra identidad en dos por tres.

Tengo una amiga que vive en Japón y me cuenta que las gentes dejan sus bicicletas sin candado en cualquier lugar, mientras en nuestro país, aunque tenga siete candados, **alguien se hace el dueño indiscretamente.**

Del periódico El Nacional de Ahora, extraigo un trozo de un artículo publicado el 2 de junio de 2017, bajo la firma de Tomas Vidal Rodríguez:

"Más de 2.1 millones de dominicanos viven en Estados Unidos, España y otros 16 países siendo las mujeres el sector que emigra con mayor facilidad, pero casi siempre son solteras o separadas, según una investigación del Instituto Nacional de Migración.

Un millón, 865,987 dominicanos viven en Estados Unidos, 54% mujeres y 46% hombres. El mismo estudio comprobó que el 43.1% de esa población está soltera; 10.4% divorciada; 5.4 viuda y sólo el 37.2% está casado.

El 67% de la comunidad dominicana en Estados Unidos trabaja, pero existe un 33% que no realiza ninguna labor y las ganancias medianas en dólares de los trabajadores a tiempo completo en un año de un hombre es de US $34,505 y $29,301 para las mujeres, según el mismo censo.

Puerto Rico se estima que posee una población de 64,782 de dominicanos hasta el año 2015, 57% mujeres y el 43% hombres."

En este artículo podemos determinar que de la mayoría de dominicanos que deciden dar el paso de **"Largarse"**, una gran porción son mujeres solteras, divorciadas, o viudas, lo que indica que estas mujeres deciden irse para buscar seguridad económica por carecer de un esposo que las sostenga.

En nuestro país, lamentablemente, cuando una mujer queda viuda, o se divorcia, le es muy difícil asumir el papel de madre y padre a la vez, pues el costo de vida es tan alto y el costo de los estudios, así como el de la salud, son tan inmensamente altos que para una sola persona mantener un hogar habría que sacarse el premio mayor de la lotería, dos o tres veces.

La razón económica sigue siendo lo más importante para uno marcharse, pues no es verdad que nadie quiera dejar su país para irse a vivir a otras tierras, dizque por turismo, o por querer cambiar de ambiente. Irse a vivir a otro país es un proyecto muy difícil, pues hay que convencer al corazón, a la mente y al espíritu, por encima de lo económico y de las demás necesidades materiales, cuando el alma se queda y el cuerpo se va, una se va a la mitad.

Vivir a la mitad.

**Por más que busco la conformidad,
siempre me hace falta mi tierra,
es como si me faltara una mitad,
que dejé sembrada en Quisqueya.**

**Confieso que he amado este país,
a donde he decidido soñar y vivir,
a donde muchas veces soy feliz,
pero mi amor primero, es mi país.**

**Vivir lejos de la patria por necesidad,
es como tener que vivir sin libertad,
desprendidos de familias y amistad,
y es como vivir partidos a la mitad.**

**Tanto te extraño mi Quisqueya,
y tanto deseo verte en prosperidad,
que aunque lejos mi alma te anhela,
viviendo aquí y pensando allá.**

José G. Vásquez

Llegamos y nos adaptamos

Viniendo nosotros de una isla asentada en el propio corazón del Caribe, con un clima tropical envidiable, unas playas tan bellas y cálidas como si el sol se hubiese complacido en descansar en ellas y la luna y las estrellas la hubieran elegido como escenario principal en donde deslumbrar sus mejores poses de modelos del universo, así como una vegetación y foresta con el verdor y el glamur del paraíso soñado por el mismo Dios, es difícil el pensar que uno debe emigrar a otras tierras para enfrentar, asumir y adaptarse a climas con temperaturas bajo cero en el invierno, o sobre los 100 grados Fahrenheit en el verano, así como playas, montañas y foresta muy distintas y a veces hasta frívolas y desérticas para acampar. Pero es así, llegamos nos enfrentamos, los asumimos y nos adaptamos, porque el propósito con el que hemos venido, doblega y subyuga el deseo de volver atrás y de resistirnos a quedarnos, ya que devolverse sería muy difícil.

Lo primero que enfrentamos es el problema del idioma, pues siendo nuestra lengua el castellano, pero hablada a la manera tan criolla y peculiar del dominicano, con nuestros acentos de cibaeño, o sureño, sea con la "i", o con la "L", o cortando las frases y el "cantaito", como a ritmos de bachata, o de merengue, aunque lleguemos a un país en donde también se hable el castellano, nos encontramos con frases y coordinaciones verbales que pudiera parecer que hablamos dos idiomas distintos.

Me contaba mi cuñado Miguel Gil Mejía, que tenía una señora en la casa como ama de llaves a la cual él le preguntaba: **¿Fulanita, el té tá?** Y ella le respondía: "**Ei té, no tá, pero ta ai tai**".

Empezamos a balbucear cualquier idioma, sin importarnos que el acento nos delate, porque no hay cosa más enojosa para nosotros que alguien niegue nuestra identidad de pueblo y, bien o mal, le metemos mano hasta al mandarín, con tal de sobrevivir y de **"Echar pa'lante".**

El clima puede ser inclemente, ya sea en lo frio, o en lo caliente, pero el dominicano, al igual que muchos otros de otras nacionalidades que han emigrado desde países tercermundistas a las urbes de países desarrollados, si tiene que ponerse dos pares de medias, doble ropa interior, un abrigo de piel, o de algodón, o un saquito viejo, pero que calienta, se lo pone y sale de madrugada a **"Camellar".**

Me cuenta una amiga que en Alaska hay una comunidad de dominicanos, que aunque no muy cuantiosa, se deja sentir en todos los ámbitos de el quehacer diario de ese estado tan frio y difícil de adaptarse y que, últimamente, se han estado destacando por su buen ejemplo de trabajo y dedicación, así como por sus participaciones en eventos públicos, en el comercio y hasta en la política de la sociedad. Puede que con el frio hagan "Frio, Frio".

En nuestro país, muchas veces somos infractores amañados de las leyes de tránsito y somos dados a no detenernos en el **PARE**, ni frenar ante el semáforo en luz roja, o como seguir en la luz verde, por si acaso viene un loco y se nos echa encima, así como andar sin licencia, ni seguro de conducir. Más, sin embargo, cuando vamos a otros países, somos los mejores en respetar las señales de tránsito, sacamos todos los papeles, evitamos infringir las leyes y nos convertimos en los mejores choferes del lugar.

En la ciudad de New York, algunas veces observamos a algunos dominicanos que todavía no se han desprendido del tocar la bocina, sacarle el dedo anular, cortarle la vía al que viene al lado y andar con una música a **"Tó lo que da"** dentro de sus vehículos, pero son los menos, pues las multas de los policías "Gringos", aunque sean de descendencia dominicana, duelen hasta los tuétanos del bolsillo y hay que pagarlos, no como allá.

En los últimos años, la nueva generación de familias pudientes, ya sea porque han hecho fortuna de forma trabajadora, o porque son de los **"Ungidos por la corrupción política"**, envían a sus hijos a estudiar al exterior y otros consiguen becas de universidades extranjeras, por sus dotes de buenos estudiantes, aunque sean de clase económica limitada. Muchos de estos jóvenes optan por quedarse a vivir fuera y entre ellos existen varios dominicanos que se han destacado en el cine, en la medicina y en otras carreras profesiones que nos dan una representación muy importante en el exterior, pues sirven con orgullo a la comunidad y a la vez mantienen vivas sus raíces dominicanas y sus costumbres, convirtiéndose en un buen ejemplo para las otras comunidades de otras nacionalidades y del mundo entero.

En un artículo escrito por Jeury Frías par el Diario Libre el 14 de marzo del 2016 **"Famosos que son dominicanos**

y que quizás no lo sabías", menciona talentos como **Aneudy Laras**, actor, músico y modelo que ha hecho comerciales para la cadena McDonald, **Víctor Rasu**k, hijo de padres dominicanos, actor para **HBO, Dania Ramírez,** quien participo en la serie "**Sopranos**", **Denise Vase,** modelo y actriz, **Dasha Polanco,** coprotagonista de la famosa serie "**Orange is the new black**", **Zoe Saldaña (Avatar)**. No hay espacio para mencionar a tantos dominicanos que están haciendo historia en el cine, por eso solo he mencionado a algunos de ellos.

En realidad, la comunidad dominicana en el exterior ha producido muchísimos profesionales en las distintas carreras, ya sea hijos nacidos en el exterior, segundas y terceras generaciones o jóvenes que ya han venido graduados desde nuestro país y han logrado pasar el examen requerido por el estado para poder ejercer, obteniendo su licencia para ejercer e insertándose a la sociedad de profesionales dominicanos y de otras comunidades extranjeras.

Si fuésemos a mencionar los grandes atletas dominicanos, tantos los nacidos allá que han emigrado y han logrado colocarse entre los mejores del mundo, así como a los hijos de segundas y terceras generaciones, tuviéramos que abrir un libro solo para eso, Sabemos de los grandes atletas dominicanos del beisbol profesional, en todos los equipos profesionales de los Estados Unidos, México, Japón y muchos otros países del mundo en donde hay equipos profesionales de pelota, ellos han escalado a las grandes ligas y han descollado hasta el punto de ser llevados al Salón de la Fama, como ha sido el caso de **Juan Marichal, Pedro Martínez y Vladimir Guerrero.**

En el Basquetbol hemos tenido a **Tito Horford, Felipe López, Luis Flores, Francisco García, Charlie Villanueva, Al Horford, Kari Anthony Towns** y **Luis Montero** (Fuentes: Wikipedia)

Así tendríamos que mencionar a **Félix Sánchez** en 400 metros con vallas y a un gran número más que han descollado en las diferentes disciplinas del deporte.

Muchas veces nos debatimos cuando algún atleta hijo de dominicanos de segunda, o tercera generación, nacido en el exterior se destaca, o rompe alguna marca mundial, pues se enfrentan sentimientos encontrados de aquellos que le imputan la dominicanidad porque no han nacido dentro de la isla, pero es indigno hacer esto, pues los hijos de dominicanos, aunque hayan nacido en el exterior, mantienen un firme orgullo de decir que son dominicanos y les duele tanto nuestra tierra como al que más, dentro de la isla, pues sus padres les han traspasado esos sentimientos nacionalistas, sus costumbres, su música, su forma de hablar y hasta el perfume a tierra adentro que todos llevamos en el corazón y que todos los dominicanos sienten viviendo fuera y lo traspasan a las otras comunidades con las cuales nos ligamos.

"Huelo a mi tierra"

Aroma de café llevo dentro de mi alma,
sabor a caña de azúcar en mi corazón,
latiendo cual el merengue y la bachata,
vibrando con la cadencia de un rico son.

Huelen mi piel y mi pelo al mar Caribe
y también a la brisa del Océano Atlántico,
y el verdor del valle del Cibao, se percibe,
cuando me siento alegre y romántico.

Soy aliento de pueblo, humilde y humano,
soy la bandera tricolor, la que levantamos,
cuando saludamos y cuando abrazamos,
al desconocido, al turista y al hermano.

A todos doy una sonrisa y le doy la mano.
a todos les abro mi casa, como hermanos,
y todos pueden probar lo que cocinamos,
así sencillamente somos los dominicanos.

José G Vásquez

¿Nos re-adaptamos al volver a RD?

Después de vivir por largos años fuera de la patria, asumiendo las costumbres tan diferentes, así como el idioma, las leyes y los trabajos de otros países, aunque hayamos regresado constantemente a la isla, es indiscutible que vamos perdiendo ese comportamiento social y ciudadano que dejamos atrás y que cada vez que regresamos nos topamos con una nueva realidad de vecinos que ya no son los mismos del barrio, de gentes que eran pobres y ahora son millonarios, de esquinas en donde podíamos sentarnos a hablar por horas enteras y que ahora son un **"Colmadón"** con una música estridente y un grupo de jovenzuelos que dominan la zona, además de dos tipos que llegan en un motorcito Honda, como la **"Jonda de del Diablo"** y te llevan lo que tengas arriba, incluyendo la vida.

Al irnos a otros países con otras culturas tan distintas y tener que adaptarnos a ellas, cuando volvemos de retirada a nuestra tierra, nos llevamos consigo todas esas costumbres a las cuales nos expusimos y tuvimos que hacer nuestras, por eso las trans culturizamos a nuestro país.

Tal ha sucedido con **"Thanksgiving"**, **"Halloween"**, **"Saint Patrick's Day"** y otras celebraciones norteamericanas que han llevado los "Dominicanyork" a nuestro país, transculturizaciones que no aportan, ni quitan, pero se añaden.

Lo mismo sucede con el respeto a la luz roja del semáforo, el pago de los servicios públicos, el respeto a la policía, a las sirenas de los bomberos y las ambulancias, a no tirar basura en las calles, al reciclaje de la basura, a no poner música alta en las horas de la noche y a convivir respetando los limites de propiedad de los demás, cosas que si aportan positivamente a la sociedad y que, en cierto modo, sirven de ejemplo para todas las demás comunidades que comparten con nosotros esos países.

"Llegó Juanita"

Ese pegajoso tema **"Llegó Juanita"** de la compositora colombiana Esther Forero, interpretado en merengue por **Milly Quezada,** con una gracia criolla inimitable, se ha convertido en un himno de navidad para todos nosotros los dominicanos, pues cada uno de los que regresamos en navidad, al igual que Juanita, lleva una maleta cargada de corotos para repartirlos entre los familiares y amistades y aunque uno regresa de Inglaterra, los que esperan en el aeropuerto, lo describen como un **"Dominicanyork"**

Llegar como Juanita es un deber de todos los que hemos partido hacia extrañas y difíciles tierras en donde tenemos que empezar de nuevo, aprender idiomas diferentes, cambiar de profesión para sobrevivir, trabajar en los puestos más humildes e impensables de que podíamos rendirnos a ese quehacer con tal de pagar la renta, alimentarnos, crecer, desarrollarnos y convertirnos en un ciudadano más de otra nación, mientras en nuestra nación no éramos capaces, a lo mejor por vergüenza, de tomar una pala en las manos para ligar mezcla, vender habichuelas con dulce y arroz con leche en una esquina de New York, manejar un taxi, trabajar en una "Factoría", o hasta manejar un tren de la ruta A, B, 1, 2, o pilotear un avión rumbo a Europa.

Llegar y destapar las maletas para buscar entre nuestras ropas, un par de medias, un cintillo, un reloj, un celular, una correa, o unos zapatos nuevos para el hermano, la prima, la tía, o una amiga del barrio, es un placer que llena más que un sorbo de un buen cabernet.

Llegar con ese aroma a "Extranjero", con la piel un poco mas blanca, el pelo un poco mas brilloso, una cadena de oro, aunque sea del cagó el toro, en el cuello y un reloj de diez dólares que parece de mil, es un evento inigualable y tanto lo goza uno, como el que nos espera, porque algo le sale a todos.

(googles.com)

De vuelta a mi país.

Regresar a la patria, es volver a nacer,
es volver a vivir y como árbol reverdecer,
es llegar al pasado para entrar en el ayer,
y es refrescar el alma en espíritu y en ser.

Volver a mi tierra es como volver a casa,
que te abran la puerta y te digan "Pasa",
es reencontrarse uno mismo, con su raza,
para sentir el calor de los que te abrazan.

Volver como Juanita, con gran emoción,
ensancha nuestra vida y nuestro corazón,
cambia nuestros latidos y la respiración,
pues volver a casa, no tiene comparación.

José G Vásquez

El sentimiento patrio nunca muere.

Cuando uno se marcha, se lleva la bandera, el escudo y el himno Nacional dominicanos prendados en un rincón muy privado y confidencial del alma, tal como nos llevamos el olor de la brisa del mar y el color verde oscuro de los campos y las montanas.

Ver la bandera izarse en cualquier parte del mundo en donde nos encontremos y oír entonar las notas del Himno Dominicano, nos enciende una llama inmensa y alboroza, que no quema, ni causa dolor, sino que da vida y produce un aliento de añoranzas que nos cautiva y nos emociona desde el centro del alma hasta los doce pares craneales, nervios, del cerebro, levantándonos como sutiles aves que son capaces de volar hasta nuestra patria, sin tener que abrir las alas, solo abrir las mentes.

Solo con oír esa poderosa primera estrofa del himno que dice: **"Quisqueyanos valientes alcemos, nuestro canto con viva emoción y del mundo a la faz ostentemos nuestro invicto y glorioso pendón",** nos basta para conformarnos y entender que aunque lejos, llevamos la patria dentro.

En estos momentos que escribo este libro, estamos pasando por una delicada situación de invasión pasiva, pero muy rápida a la vez, de nuestros vecinos haitianos que le huyen a esa muerte lenta y desesperante que causa el ser mal gobernados, el vivir en una situación paupérrima, el no tener futuro esperanzador y el ser utilizados como burros de carga a donde quiera que llegan.

Es un asunto delicado porque no se trata de racismo, ni de individualismo, pues nosotros los dominicanos, en cierto modo, también estamos emigrando a otras tierras empujados por una situación menos caótica, pero que puede llegar a esos niveles, pero no podemos asumir la desgracia nuestra, más la de ellos, a sabiendas de que todo es por el mal manejo de la cosa pública y el despilfarro amañado del estado fallido de los haitianos.

Decir que un dominicano odia a un haitiano, es como decir que un americano odia a un dominicano, pues nosotros hemos tomado posesión de muchos lugares dentro del territorio estadounidense y muchos americanos nos condenan por eso, adjunto a otros inmigrantes que también han venido huyéndole a la falta de oportunidades.

El problema haitiano nos empuja a darnos cuenta de que se puede repetir la historia de veinte y dos años en que nos impusieron un yugo haitiano y, para este tiempo histórico, eso no se puede permitir, ni siquiera en pensamiento.

Los dominicanos que nos hemos ido al extranjero, vivimos constantemente con un aroma a patria en el olfato del alma y entre las venas del corazón, por lo que cualquier situación delicada que amenace nuestra independencia y que de muestra de que podemos ser invadidos, por quien sea, nos produce un dolor más profundo que el que se les produce a un dominicano dentro de la isla, pues aparte de la dominicanidad heredada por nuestros próceres independentistas, somos portadores de una dominicanidad que produce el vivir lejos, el añorar y recordar nuestras costumbres y valores patrios y el tener que desprendernos desde allá, sin saber cuándo podremos volver a tirar el ancla en una playa dominicana, para no volver a zarpar jamás. Cuando suena el Himno y se eleva la bandera, nacemos de nuevo, tal como los árboles podados.

Cuando se iza mi bandera

Un rayo de luz me alumbra toda el alma,
un suspiro de amor me entra por doquiera,
al oír cantar el himno, después de la diana,
y al ver como se iza mi tricolor bandera.

Alta en el tope, con su rojo, azul y blanco,
y su escudo en el centro con su majestad,
volando como ave que entona su canto,
y en ella diciendo **Dios, Patria y Libertad**.

Si la veo izarse en otra parte del mundo,
es como si volviera de regreso a mi tierra,
al sentir un amor patriótico muy profundo,
que me hace vibrar el alma y me consuela.

Aunque viva muy lejos en el extranjero,
me llevo mi bandera dentro del corazón,
mi escudo y mi himno, lo que más anhelo,
que me dan esperanza, paz y consolación.

José G. Vásquez

www.googles.com

Los Dominicanos ausentes y las construcciones.

La construcción de viviendas, edificios u otras estructuras habitacionales dominicanas, se han beneficiado y desarrollado enormemente por los recursos aportados por los dominicanos en el exterior, siendo los que han emigrado hacia Estados Unidos los mas aportadores en este sentido.

No hay un dominicano que se haya ido y que no piense en **"Arreglarle la casita a la vieja"**, o **"Empezar a construir un ranchito para el retiro"**, pues por poco que gane, o por humilde que sea su empleo, siempre sacará un **"Tajo"** para enviárselo a la vieja para que le peguen unos cuantos blocks a la casita y la vayan subiendo poco a poco.

La idea de volver algún día, nos hace tomar la decisión de mandar unos **"chelitos"** cada vez que se pueda, para que nos vayan construyendo un ranchito.

El dominicano en el exterior ha aportado más que cualquier gobierno en las infra-estructura de viviendas familiares, pues los gobiernos lo han gastado todo en construcciones públicas, llámese carreteras, puentes y escuelas, pero solo para satisfacer a las compañías constructoras, regalándoles obras sin concursos y muchas veces sobrevaluando sus costos, al colmo de que llegamos a casos tan corruptos y malversación como el caso de **ODEBRECHT,** el cual todavía esta impune en las cortes, donde los jueces todo lo "Cortan" a favor de los corruptos.

En un artículo publicado en **www.metrord.do** el jueves 12 de enero del 2017, firmado por Angely Moreno, encontramos el siguiente párrafo:

"**Buscan vender apartamentos fuera de RD.**

Ante la gran cantidad de inmuebles sin vender, sobre todo porque la mayoría de los dominicanos no llenan los requisitos para adquirirlos, los apartamentos son ofertados a los nativos que residen en Europa y Estados Unidos, que pese a tener derecho a un techo en su país, no son parte del déficit habitacional local".

Es indudable que cualquier dominicano que esté viviendo fuera del país por

55

largos años y tenga la ilusión de regresar algún día, pues prefiere tener un apartamento, o una casa disponible para no ser carga para nadie.

Chele a chele, saca de lo que recibe como salario para enviárselo a algún familiar que se ponga a cargo de supervisar el proceso de construcción, o cuide la vivienda que han comprado, con el fin de tenerla en buen estado.

No encontré datos específicos de cuanto aportamos los dominicanos en el exterior al sector construcción, pero si encontré que este sector representa el **17.8 %** del **PBI**, por lo cual me atrevería a estimar que por lo menos un **5%** puede ser adjudicado a los dominicanos en la diáspora. (Dato no confirmado)

Podríamos cantar la canción de Víctor Víctor que dice: **"Te prometo una casita chiquita y bonita, con paredes en colores con Cupido de amores y quizás alguna flor…"**

¿Quién no quiere una casita campestre con una finquita y un arroyuelo?

La Casita de mi sueños

Algún día, cuando vuelva a mi tierra,
viviré en una casita chiquita y bonita,
donde descansaré, viendo las estrellas,
y la bella naturaleza, alegrando mi vista.

Votaré el cansancio de la gran ciudad,
del ruido del tren y la prisa de la gente,
de andar ente autos a gran velocidad,
y las gentes corriendo muy indiferentes.

Regresaré a mi tierra y volveré a nacer,
encontrando mis raíces en mi vecindario,
y aunque a viejos amigos no vuelva a ver,
pasaré por los lugares donde nos juntamos.

En mi pequeña casa sentiré gran alegría,
y nunca más me dirán que soy extranjero,
pues al volver a mi tierra regresaré mi vida,
tierra dominicana, la tierra que más quiero

José G Vásquez

(Fuente: https://www.pinterest.com/pin)

Nos falta apoyarnos en el exterior.

Los nacionales dominicanos en el extranjero hemos sido fructíferos en muchas áreas de trabajo, destacándose más la del sector comercial informal, llámese Bodega, Supermercados, tiendas de ropa, restaurantes, talleres de mecánica, costura, panadería otros negocios en sectores de comida y/o productos alimenticios.

En la ciudad de New York y Boston, en los Estados Unidos, son muchos los dominicanos exitosos en este tipo de negocios y son muchos los que han llegado y encuentran su primer empleo en uno de ellos, los cuales, con el tiempo, se convierten en nuevos dueños y se desarrollan como tal.

Siendo nosotros dominicanos, no tenemos buenas instituciones que nos aúnen y que nos conviertan en una comunidad con poder político y poder económico para poder tener voz y voto en la comunidad y dejarnos sentir social y políticamente y así nos tomen en cuenta, no solo en tiempos de elecciones, sino en todo el tiempo para que podamos regresar algún día.

Esto es un asunto preocupante, pues una comunidad sin líderes que nos hagan sentir y nos representen, es una comunidad sin rumbo, ni dirección.

El problema de las tendencias políticas y partidarias, representando a los partidos dominicanos, nos dividen y nos aíslan, porque unos son del PLD, otros del PRD, del PRM y de los otros partidos dominicanos, seguimos con las mismas estupideces de los políticos dominicanos divididos y sectorizados.

Lo mismo sucede con los empleos, pues generalmente es muy difícil encontrar quien te recomiende como empleado y quien te ayude a desarrollarte, ya que todos andamos demasiado preocupados por los problemas individuales y, muchas veces, preferimos no ser miembros de alguna entidad que nos reúna y nos convierta en una comunidad homogénea.

Hasta que no aprendamos a darnos apoyo y a reunirnos en entidades que nos agrupen y nos defiendan, estaremos como **"Chivos sin ley"** en un país de tantas leyes y oportunidades. En Miami, ciudad en donde vivo, los dominicanos no nos apoyamos como debiéramos y somos muy poco participativos en las actividades de nuestras fechas patrias, precisamente porque los políticos se encargan de apropiarse de las actividades y con esto evitan que haya una buena participación masiva, no importa la afiliación de partido.

Lo mismo he oído de los que viven en estados como New York, Boston, Alaska, Chicago, en Estados Unidos y en otros países, como España, Canadá, etcétera.

Creo que el problema no solo es por la cuestión partidista, sino además porque gastamos demasiadas energías en horarios de trabajos, en el tráfico duro y pesado y al llegar a la casa no encontramos ánimo para volver a salir a la calle.

Cuando los dominicanos empecemos a agruparnos y a dejarnos sentir como comunidad, entonces formaremos líderes representantes que pelearán por nosotros y seremos parte esencial del diario quehacer en las decisiones gubernamentales a favor nuestro.

Es bueno mencionar a algunas instituciones dominicanas que están abriendo las puertas en ese sentido y que están luchando por agrupar nuestros nacionales en las diferentes aéreas profesionales, no solo para demostrar lo que somos como entes sociales, profesionales y morales, sino además para ser participantes del quehacer político de las naciones hacia donde hemos venido a hacer vida, lejos del pueblo donde nacimos.

Por ejemplo, la **NSA** (National Supermarket Association), agrupación formada por jóvenes empresarios dueños de supermercados en Estados Unidos, específicamente en New York y la Florida, por ahora.

Esta entidad, además de unificarlos como empresarios emprendedores, los aúna para realizar obras de bien social a favor de la comunidad, como entregar becas a los estudiantes más destacados y crear programas de ayudas a los más necesitados.

61

Los que nunca regresan

Siempre existen aquellos que salen del país y jamás regresan, ya sea porque se olvidan totalmente de los que dejaron atrás, o porque se han desencantado de esa magia de pueblo que nos llama y nos motiva a volver y no morir en otras tierras.

Conozco muchos dominicanos residentes en Estados Unidos que quizás volvieron una, o dos veces a Quisqueya, pero que de pronto les han pasado largos años sin retornar porque ya no se sienten atraídos, o porque ya sus familiares cercanos han fallecido y sus amigos del barrio ya no viven en el sector. Otros no vuelven porque se desencantan totalmente cuando regresan y ven que la sociedad no es igual, que los atracos y crímenes han aumentado y que el barrio en donde Vivian se ha convertido en una fortaleza tomada por un punto de ventas y consumo de drogas.

Hay personas que regresan a nuestro país, con la inspiración de quedarse, pero se dan cuenta que el costo de la vida los convierte en **"Tacaños por necesidad"** pues no les da el dinero.

Ha habido muchos dominicanos que emigran otro país y luego le "Hacen los papeles" a sus familiares, siendo Estados Unidos el país más propicio para ello, al punto de que se traen hasta el perro de la casa y al estar todos reunidos en esa segunda patria, ya no tienen razón para regresar.

El asunto de los viajes es además bien costoso y esto se convierte en una razón muy poderosa para no volver.

Muchos han comprado su fosa de cementerio en Estados Unidos porque prefieren ser enterrados en esta urbe, ya que no les queda nadie en Republica Dominicana.

Es muy triste el perder el interés a regresar, pero hay realidades imperativas que nos obligan a preparar terreno y sentar base en otro país, pues viendo la realidad social, económica, salud y política de nuestro país, cada vez más caótica, no nos queda más remedio que adaptarnos y permanecer en un país extranjero que nos garantiza, por lo menos, trabajo, servicios públicos seguros y permanentes y hasta ahorrar algunos chelitos para darnos unas vacaciones, así como asegurar el retiro.

Realmente, en cada dominicano que emigra, por cualquier razón, para quedarse a vivir en otro país, en algún momento nos surge esa necesidad de querer volver para emprender una nueva etapa de vida, en el país que nos vio nacer, porque al igual que todas las otras personas que han emigrado de sus pueblos, el querer regresar es como una semillita que se ha quedado plantada en el corazón y que algún día germina, sin darnos cuenta.

En la ciudad de New York conocí a muchas personas, ya sobre la tercera edad, que ya no sentían ninguna emoción de regresar a nuestro país y que su corazón, su mente y su espíritu habían sufrido una transformación sentimental indiferente al regreso, aunque todos ellos seguían hablando como dominicanos, comiendo las mismas comidas dominicanas, comportándose como dominicanos y apegados a todas las costumbres nuestras, menos a querer regresar, muchos de ellos sin haber aprendido inglés aún viviendo más de treinta años en la urbe newyorkina.

Es como vivir vestido de americano, pero con la mente dominicana.

Cualquier dominicano que haya adquirido la nacionalidad de otro país, siendo la estadounidense la más común, lo ha hecho por las razones básicas de evitar ser deportado y de poder disfrutar de las ventajas que se obtienen siendo ciudadanos, mas sin embargo, llevamos clavada esa bandera dominicana en el pódium de nuestro corazón y en el asta de nuestra alma, pues por más que cantemos un himno de otro país, cuando oímos el nuestro, varias lagrimas se desprenden de los ojos del alma y corren por las venas de nuestra dominicanidad.

El convertirnos en nacionales de otras tierras, manteniendo nuestra nacionalidad dominicana, nos mantiene ese espíritu criollo vivo y nos mantiene unidos al cordón umbilical de la patria, mas sin embargo, cuando regresamos de vacaciones, o a por cualquier viaje de negocio, o por una situación familiar, nos vamos dando cuenta de que el vivir fuera, en cierto modo nos va quitando esa pintura exterior vamos adquiriendo esa blancura pálida que nos dibuja la nieve y el encerramiento por el frio en los lúgubres edificios sin buenas y claras ventanas al exterior.

La triste realidad del regreso.

Con tantos nuevos millonarios que han hecho fortuna política, con cargos públicos, botellas y fraudes, así como malversación, los cuales son dueños de grandes mansiones, autos modernos, edificios con helipuertos, bares, discotecas, yipetas y centros comerciales atestados de gentes comprando y disfrutando como millonarios, mientras una gran parte de la población siguen montados en carretas y buscándoselas como toros en la plaza siendo castigados por el torero, nos es difícil insertarnos en una sociedad en donde hasta un limpiabotas anda con un celular y cambio para mil pesos, mientras nosotros, los que llegamos desde fuera, tenemos que saber manejar muy bien el dinerito que hemos ganado muy duramente y entender que si nos metemos en esas competencia social y económica, en tres días hedemos más que un muerto.

Es muy penoso y detestable tener que ver gentes derrochando y comprando sin medidas, gastando el dinero del estado y andando por las calles como jeques árabes, en un país en donde la carencia del pobre es tan notable y tan indiscreta, en comparación al derroche de los **"Ungidos por la corrupción política"**, que si llevamos cuatro, o cinco mil dólares, eso se nos puede acabar en una semana, si nos ponemos a **"Caerle atrás"** a esos bandidos modernos, pues es fácil gastar lo que le corresponde al estado, pero es muy difícil derrochar lo que hemos ganado con gran sacrificio y con duro trabajo.

Por eso, el dominicano que regresa del exterior tiene que ser muy mesurado y astuto, evitando convertirse en que toma y paga todas las cuentas, antes de **"Caer en cuenta que no le da la para la cuenta"**.

En un comentario hecho por mi hermano Roberto, Licenciado en economía, me dijo lo siguiente:

"Hay un fenómeno de ilusión monetaria que sufre el que regresa con dólares, pues cuando lo cambia ve que recibe muchos pesos y se considera un poco rico, hasta más que allá, al ver que por cada US$100 recibe unos RD$4,900. Y, en principio lo ve mucho, pero no sabe que aquí se gastan más rápido que como se gastan los US$100 allá. Cuando esto

le pasa a un turista no es nada, pues este trae una suma estipulada para gastar, pero cuando le pasa a un dominicano que regresa, o viene a pasarse un mes, la cosa puede tornarse critica".

Un tormento más es tener que pasar por las aduanas y ser objeto de un tipo de "cogioca" que se arma cuando nos abren las maletas y nos quieren confiscar hasta una batidora comprada de medio uso, o nos impiden pasar algunos regalitos que trabajosamente hemos comprado para llevárselos a los familiares, o amigos.

Esto ha mejorado bastante en los últimos tiempos, pero hace poco el gobierno de turno (PLD) ha impuesto un límite de tan solo US$500.00 de regalos por persona, mientras los demás les es confiscado.

Por eso, un dominicano que llega desde el exterior a vacacionar, o a quedarse, tiene que medir bien sus lanzamientos y equilibrar bien sus emociones de viaje, antes de entrar al terreno de juego para que el juego de las vacaciones no sea suspendido por falta de **"Tululuses verdes"**.

Si algún día regreso.

Si algún día regreso a mi linda tierra,
quiero poder quedarme hasta muera,
y ver subir hasta el tope a mi bandera,
como si yo fuera un ave, junto con ella.

Ver mi país sin corruptos, ni ladrones,
sin atracos, ni crímenes por montones,
sin una justicia amañada por bribones,
comprando con regalos sus sanciones.

Ver la gente disfrutando sin tener miedo,
poder salir a las calles, sin desconsuelo,
dejando la casa abierta, sin correr riegos,
sin temor a ser atracados por un ratero.

Que el que sirva a gobierno sea honesto,
y aquel que sea corrupto lo hagan preso,
que no sean políticos solo por un puesto,
todo eso le pido a Dios, si un día regreso.

José G, Vásquez

La Doble Nacionalidad.

El en periódico digital **reddenoticias.com** encontramos un artículo bajo la firma de Andrés Terrero, publicado en 11 de diciembre del 2017, de donde extraemos estos dos párrafos:

"La Constitución de la Republica, modificada en 1994 en su artículo 11 por iniciativa del Dr. José Francisco Peña Gómez, incluyó el tema de la doble nacionalidad para permitirle a un ciudadano dominicano optar por una nacionalidad de otro país sin perder la suya. En efecto, en el Párrafo IV del citado artículo se estableció lo siguiente:

"La adquisición de otra nacionalidad no implica la pérdida de la nacionalidad dominicana. Sin embargo, los dominicanos que adquieran otra nacionalidad no podrán optar por la Presidencia o Vicepresidencia de la Republica".

Con el tiempo se insertó la propuesta de que si adquiríamos una segunda nacionalidad, podríamos aspirar a la presidencia de la republica dominicana si retirábamos nuestra nacionalidad adquirida en otro país, lo cual nos da una nueva esperanza de poder participar al más alto nivel en el quehacer político nacional, si algún día regresásemos a nuestra nación.

Hay que reconocer que el Dr. Leonel Fernández, mientras era gobernante, fue uno de los motores impulsores para que esto se cuajara y se aprobara.

Sin embargo, sabemos muy bien que la mayoría de los que nos hemos nacionalizado en otras naciones, adquiriendo el derecho de la "Doble Nacionalidad", lo hemos hecho por razones de poder disfrutar de los beneficios sociales, económicos y políticos que estos países nos garantizan, mas continuamos muy atados a nuestra primera nacionalidad, la dominicana, pues nadie puede erradicar totalmente esa gracia de haber nacido en una patria que nos vio nacer, nos vio crecer y nos vio sufrir, llorar, fiestar, respirar el aire de sus montanas y hundir nuestros cuerpos en las tibias aguas de nuestras playas y nuestros ríos, aun y cuando no estuviéramos bien económicamente y tuviéramos que sobrevivir con poco.

Cualquier dominicano que haya adquirido la nacionalidad de otro país, siendo la estadounidense la mas común, lo ha hecho por las razones básicas de evitar ser deportado y de poder disfrutar de las ventajas que se obtienen siendo ciudadanos, mas sin embargo, llevamos clavada esa bandera dominicana en el pódium de nuestro corazón y en el asta de nuestra alma, pues por más que cantemos un himno de otro país, cuando oímos el nuestro, varias lagrimas se desprenden de los ojos del alma y corren por las venas de nuestra dominicanidad.

El convertirnos en nacionales de otras tierras, manteniendo nuestra nacionalidad dominicana, nos mantiene ese espíritu criollo vivo y nos mantiene unidos al cordón umbilical de la patria, mas sin embargo, cuando regresamos de vacaciones, o a por cualquier viaje de negocio, o por una situación familiar, nos vamos dando cuenta de que el vivir fuera, en cierto modo nos va quitando esa pintura exterior vamos adquiriendo esa blancura pálida que nos dibuja la nieve y el encerramiento por el frio en los lúgubres edificios sin buenas y claras ventanas al exterior.

Dominicanos en Miami.

Viviendo yo en la ciudad de Miami, por más de veinte y cinco años, hasta el momento en que escribo este libro, algo tengo que decir de los dominicanos que residimos en el Estado de la Florida, pero específicamente en Miami, Hialeah, Kendall, Homestead, Allapatha y otros sectores que rondan a Miami, sin dejar de tomar en cuenta los que viven más al norte, como Miami Lakes, Miami Spring, Weston, Dania, David, Pembroke Pines y todos los otros sectores mas al norte, incluyendo West Palm Beach y sus alrededores.

Siempre se ha creído que Miami es toda la parte sur del Estado de la Florida, y aunque vivamos en una ciudad de la periferia de Miami, o tan lejos de ella como West Palm Beach y hasta Orlando, todo el mundo peca de decir **"Vivo en Miami"**.

En un artículo que encontré, escrito en el periódico "El Nuevo Herard", el 14 de diciembre del 2016, **"Miami, la ciudad con los residentes más pobres de la Florida"**, bajo la firma de Sergio N. Cándido, expresa que esta ciudad se ve muy bella desde afuera, pero desde dentro vemos la cruda realidad de una comunidad muy pobre y con pocas oportunidades de viviendas.

Miami ocupa el puesto número 23 entre las ciudades más pobres de Estados Unidos.

No me voy a detener a detallar las condiciones de pobreza de esta ciudad en donde vivimos una buena cantidad de dominicanos los cuales estamos regados por todas partes, pero hay una numerosa concentración que vive en el sector de Allapatha, que si pertenece a la ciudad de Miami.

Se supone que en la Florida vivimos unos sesenta y dos mil dominicanos, regados por todos los lados. (Esta cifra no está actualizada al momento de este libro).

Hay muchos dominicanos destacados en este estado, en las diferentes áreas profesionales, así como en las artes y nos hemos podido colocar dentro de los sectores económicos, sociales y políticos de una manera distinguida, aunque todavía nos falta mucho por lograr, ya que aunque hemos avanzado, todavía somos una comunidad mínima en participación y mínima en las decisiones políticas.

Aquí, en la Florida, la división partidaria, con respecto a los partidos dominicanos, dígase PLD, Reformista, PRD, lo que queda de este, PRM y algún otro más, nos ha mantenido como mini sectores acorralados entre esos partidos y entre ideologías baratas, en donde muchos de los que participan solo piensan en ser uno más de los "Vice cónsul" del consulado, los cuales abundan como la hierba mala, que ni adorna, ni hace nada, ni da frutos, solo cobra lo que le dan.

En el área comercial, existen varios supermercados propiedad de dominicanos que han bajado desde NY y que han ido creando una entidad que hoy en día se reconoce por su poder económico. Estos supermercados llevan por nombre **BRAVO, PRICE CHOICE, SUPER SAVER, SABOR TROPICAL** y otros más que compiten con los demás supermercados americanos.

En la televisión y la radio hemos tenido personajes como Oscar Haza, Tony Dandrade, Nancy Álvarez y otros más.

En un artículo que encontré en DominicanosHOY.com se destacan 12 dominicanos sobresalientes en la Florida, de tantos que hay pero que sería muy largo mencionarlos a todos.

Según este articulo, estos son los 12 dominicanos más destacados:

Daysi Báez, Licenciada en trabajo social)
Milton Jiménez, medico, especialista en medicina interna.
Rosenny Burgos, abogada de inmigración.
Stephanie Severino, reportera de UNIVISION.
Benny Reyes Arache, abogada que sirve a la Arquidiócesis de Miami.
Max Rosa, comerciante y líder comunitario, residente en WPB.
Felix Suriel, artista plástico.
Rafael Antún, medico urólogo.
Amada Vargas, educadora filantrópica y empresaria.
Ausberto Hidalgo, doctor en medicina quien ha dictado varias conferencias.

Pedro Milán, líder comunitario.
Sonalys Núñez, abogada.

Indudablemente que no podemos mencionarlos a todos, pero yo no puedo dejar de mencionar a algunos de los propietarios de los más famosos restaurantes dominicanos de la zona:

Héctor Mercedes, Milly's Restaurant.
José Encarnación, Mangú Café-Restaurant.
Luis María, El Mesón de la Cava.
Juana, Juana's Café-Restaurant.
Club Típico Dominicano, YARUMBA, Purita's restaurant, YUKA DELI y otros muchos más.

En el área periodística radial y escrita, debo reseñar a **Raymundo Mercedes, Mario De Jesús, Eusebio Sánchez, Leonel Peña, Aldo Rafael Rosario, Luis Perozo y Emerson Perozo,** y otros también muy destacados.

En la música tenemos a figuras tan importantes como **José Antonio Molina**, quien es el primer dominicano en recibir el nombramiento de Director Titular de una orquesta en los Estados Unidos, The Greater Palm Beach

Symphony. Debutó en el Kravis Center de Palm Beach, dirigiendo a la mezzosoprano Marilyn Horne, junto a la Orquesta de la Ópera de Palm Beach.

Marco Hernández, ex integrante de 440 quien ha recibido unos dos GRAMMY por sus arreglos musicales junto a Juan Luis y luego con una producción hecha para José Feliciano.

Pedro Pena (Pablito Drums), baterista graduado de Berklee, cuyo logro mayor fue integrar la tambora con la batería. Hoy en dia es profesor de percusión y quien hace la música para los tiempos de descansos de los Miami Heat.

A otros niveles más populares, están **Alejandro Vargas** (Colita), **Luichy Vargas, Raffy Peralta, "Bachamanbo"** y otros muchísimos más que inciden el diario quehacer del bien combinar las notas con el tiempo.

En la florida tenemos profesionales que diariamente participan e inciden en la vida floridana ayudando a enaltecer nuestra dominicanidad. Una de ellos es: **Miguelina García**, excelente empresaria que lucha por unir y enaltecer su comunidad, siempre dispuesta a cooperar y a estar presente en todas las actividades culturales que nos representen.

Sé que he pecado de omisión, pero mencionarlos a todos seria como hacer un libro aparte y destacar minuciosamente a cada uno de ellos para no quedar mal, pero mi propósito y mi proyecto es un propósito y proyecto de todo el que se considere que debe estar entre estas líneas y este contenido. Por tanto, si usted es uno de ellos, escriba su nombre aquí y déjenos saber su historia. Por eso me gustaría que nos podamos dar a conocer.

Existen muchas otras entidades dominicanas en el exterior, pero no puedo mencionarlas todas pues me tomaría escribir otro libro, pero en les invito a visitar a www.livio.com/directorio, para aquellos que estén interesados en conocer más del asunto. Sin embargo, mencionare algunas de las más importantes:

The Dominican American National Foundation: Organización sin fines de lucro con sede en Miami, Florida, dirigida a ayudar a los miembros de la comunidad, incluidos los inmigrantes y las minorías, de hacerse valer a través de oportunidades educativas y el acceso a los servicios y recursos

Asociación Nacional de Profesionales y Técnicos Dominicanos en España (ASOPROTEC): Asociación sin ánimo de lucro que busca destacar el profesionalismo, el trabajo, la seriedad y los buenos valores de los dominicanos residentes en España. Nuestro lema nos identifica: Integridad, Servicio y Unión. Promovemos proyectos profesionales que extienden e incluyen actividades de expansión e internacionalización para profesionales dominicanos.

Unidad Dominicana Chicago: Organización creada para agrupar a la comunidad dominicana residente en Chicago IL., con el interés de conocerse mejor, trabajar juntos, y lograr propósitos comunes.

La realidad es que esas instituciones existen, pero necesitamos ser más unificados y más fervientes en la participación, de manera que seamos contado no solo por el número, sino por la capacidad que tenemos y lo que podemos aportar a otras naciones.

No solo somos merengue, bachata, sancocho, moro de guandules, chivo guisado, o buenos obreros, somos una comunidad de gentes que se adaptan fácil, que luchan por encontrarse con la esperanza y que vivimos muy pendientes a ser buenos anfitriones y buenos visitantes.

La realidad de la cual venimos y las causas por las que hemos salido, no nos limita para ser buenos ciudadanos y buenos profesionales en otras naciones, porque sabemos cómo adaptarnos y nunca perdamos nuestras costumbres ni ese amor a la patria.

El haber salido de nuestra patria, nunca nos distanciará emocionalmente, ni nos alejará sentimentalmente, pues no hay un dominicano que no se detenga ante una bandera tricolor izada en un asta, o pegada en el parabrisas de un auto, o que no se sienta alegre cuando oye sonar un merengue, aunque sea en Tokio, o en Alaska.

Las fibras del alma se encienden de dominicanidad tan solo con sentir el vaivén de un **"merengue apambichao"**

81

Punto Final.

No es nuestra intención el decir que el actual gobierno es el único responsable de esta gran ola de personas emigrando desde nuestro país, esto ha sido consecuencia de una historia cuyo eslabón principal se formó desde que los españoles se toparon con nosotros en el camino.

Este libro ha sido una historia personal que se vive en cada uno de los que hemos emigrado y que puede ser tan similar, que no habría nada que añadir, ni nada que quitar, pues todos hemos pasado las mismas vicisitudes.

A todos los que hemos emigrado, les invito a no perder la dominicanidad por nada en el mundo y a mantenernos activos y pendientes a cómo podemos incidir en la mejoría económica, social y moral de nuestra patria, abatida por tantos errores políticos y por tantos políticos corruptos.

Vivir fuera no quiere decir "Quedarse afuera", hay que hacer vida en ese lugar a donde nos hemos ido y preocuparnos por vivir mejor, sin olvidar la patria.

Agradecimientos

Agradezco efusivamente todas las muestras de amor expresadas en cada una de las felicitaciones que he recibido por mis obras. Ha sido una hecatombe de mensajes, textos y llamadas de felicitaciones que me han dado una gran satisfacción y me han demostrado que es bueno tener amigos y es necesario ser buenos con ellos, valorarlos, servirles y enviarles los mejores mensajes, evitando discusiones radicales y dándoles oportunidad de libre expresión de sus pensamientos religiosos, políticos, sociales y familiares, sin perder el respeto y la cordura, lo cual hace que cada día podamos darles gracias a Dios por hacernos querer por los demás.

Gracias inmensas e indescriptibles para cada uno y aun para aquellos que no lo hicieron pero que se que realmente me quieren sin tener que hacerlo.

Escribir libros implica robarle el tiempo a los familiares para dedicarlo a la escritura, a la colección de datos, a unificar pensamientos y a no dejarse rendir por el desgano y la apatía, pues no es necesario ser un gran escritor, sino atreverse y tratar de hacerlo mejor cada nuevo intento, pues esto es un arte, más que una técnica y es un deseo hecho realidad, más que un proyecto cansón y delicado.

Un gran aporte para esta obra lo recibí de mi hermano **Lic. Roberto Rodríguez** quien se encargo de revisión de estilo, ortografía y otros aspectos.

Por último, agradezco de una forma muy especial y eterna a mi esposa y mis hijos Alfredo, Gabriel, Rocío y Juan, así como a Dianis y mis nietos Jahniel, Naya y Noah, Teresa y mi nieto Jacob, pues he recibido de ellos un inmenso y profundo amor en este mi momento de mi vida, de una forma abundante y bendecida.

A Dios, el mayor dador de las bendiciones y el mayor promotor de permanecer y mantenerse al pie de batalla, pues sin El nada es posible.

Dios les devuelva un torrente de bendiciones espirituales y de salud para que lo demás les llegue por añadidura.

Con gran cariño José G. Vásquez

¿Quién Soy?

No soy Gabriel García Márquez, ni Neruda, ni Pedro Mir, solo soy un ensayo de escritor que Dios inspira y que se atreve a romper los cañones de la timidez y de la vagancia de expresión.

Muchas veces he soñado con ser un gran escritor, pero al levantarme me doy cuenta de que cada escritor es grande luego de que se atreve a hacer un libro, o a escribir una poesía. Para muchos será una obra fenomenal, para otros puede ser un simple montón de letras unas arriba de otras, pero para Dios, el más importante lector de nuestra mente y dador de nuestros talentos, siempre será un fruto del esfuerzo.

Lo más importante es escuchar, aprender, corregir, volver a revisar y hacerlo cuantas veces sea necesario, pues la obra más importante y mejor hecha, solo se lograra cuando lleguemos a los cielos y Dios nos reciba por nuestras buenas obras de vida y de comportamiento, no por los libros que hayamos escrito, ni por los trofeos que hayamos ganado.

José Gabriel Vásquez

85

En el cielo, seré dominicano.

Aunque me marche a otras tierras,
a lugares muy distintos y lejanos,
no importa que por allá me muera,
nunca dejaré de ser dominicano.

Aunque me aprenda otros idiomas,
de alfabetos muy raros y extraños,
nunca olvidaré las frases y bromas,
de nuestro lenguaje dominicano.

Podría aprender otras costumbres,
pudiera danzar bailes muy extraños.
cantar canciones que me deslumbren,
sin olvidar mi merengue dominicano.

A todas partes llevaré mi bandera,
no importa que tan distinta, o lejos
porque hasta el día en que muera,
seguiré dominicano hasta en el cielo.

José G. Vásquez